Christiane Wittenburg

Die Spur führt zur Schule

Mit Illustrationen von
Angela Fischer-Bick

gondolino

ISBN: 978-3-8112-2782-8

Umschlagillustration: Silke Voigt
Reihenlogo: Gisela Dürr
Printed in Italy – 023
5 4 3 2

Der Umwelt zuliebe gedruckt auf chlorfrei gebleichtem Papier.

www.gondolino.de

Inhalt

Aufregung am ersten Schultag

„Hast du alles?“, drängelt Mama.
Sie ist genau so aufgeregt wie Sven.
Dabei kommt er doch heute in die Schule
und nicht sie.
„Klar“, antwortet Sven.
Er setzt seinen neuen Schulranzen
auf den Rücken und
nimmt seine Schultüte in den Arm.
„Von mir aus kann es losgehen!“, sagt er.
Seine Schultüte ist ganz schön schwer.
Was da wohl alles drin ist?

Sven findet seine Schultüte super.
Sie ist rot mit lauter Rennautos drauf.
Vorsichtig hält Sven die Schultüte
an sein Ohr und schüttelt sie.
Mama sieht ihm lachend dabei zu.
„Wenn du in der Schule bist,
darfst du sie ja aufmachen.“
Mama schließt die Tür ab und los gehts.
Doch kaum sitzen sie im Auto, sagt Mama:
„Mist, ich hab mein Handy vergessen.

Warte, ich bin gleich zurück!“
Langsam wird Sven ungeduldig.
Wo bleibt Mama nur?
Endlich kommt sie zurück.
„Ich kann es nicht finden“,
schnauft sie.
„Dabei wollte heute doch die
Werkstatt anrufen.
Jetzt müssen wir aber los,
sonst kommst du gleich am ersten Tag
zu spät zur Schule.“
Mit Vollgas rast Mama durch die Stadt.
Sven kommt gerade noch rechtzeitig
ins Klassenzimmer.
Sein Platz ist neben dem Jungen
mit der Igelfrisur.
Er sieht nett aus, findet Sven
und das Beste ist:
Er hat die gleiche Schultüte.

Findest du den Jungen auf dem Bild?

„Hallo, ich bin Jan“, sagt der Junge.
Sven hätte sich gern noch mit ihm
über Rennautos unterhalten,
aber da kommt schon die Lehrerin.
Frau Sommer begrüßt alle herzlich.
Dann dreht sie sich zur Tafel,
um ihren Namen anzuschreiben.
Plötzlich piept es ganz laut.
Erschrocken dreht sich Frau Sommer um.
Das Geräusch kommt aus Svens Schultüte.
„Was ist denn das?“, fragt Frau Sommer.
Alle starren Sven an.
Piep! Piep! Piep! Es wird immer lauter.
Irgendwie kommt Sven

das Geräusch bekannt vor.
„Mach deine Schultüte doch mal auf“,
sagt Frau Sommer.
Sven versucht den Knoten zu lösen.
Da fällt ihm ein,
woher er dieses Geräusch kennt.
„Das muss die Werkstatt sein!“,
ruft Sven und lacht.
Frau Sommer versteht gar nichts mehr,
und auch Jan sieht ihn verwundert an.

Kannst du erklären, was los ist?

Svens Mama hat ihr Handy aus Versehen
mit in die Schultüte gepackt.

Wer hilft Paul?

„Zu mir rüber!“, ruft Paul
seinem großen Bruder Frederick zu.
Frederick schießt die Limodose zu Paul.
Der tritt und trifft direkt ins Tor.
Frederick und Paul jubeln.
Leider klingelt es in diesem Augenblick.
Alle müssen in ihre Klassenzimmer.
„He, deine Turnsachen!“, ruft Paul.
Er wirft Frederick die rote Sporttasche zu.

Jetzt muss sich Paul aber beeilen,
denn die Klassenzimmer der ersten Klasse
liegen am anderen Ende des Gebäudes.
Als Paul ins Klassenzimmer kommt,
schreibt Frau Wentzel gerade etwas
an die Tafel.
Paul schleicht leise zu seinem Platz.
Neben Timo lässt er sich
auf seinen Stuhl fallen.
„Puh, Glück gehabt“, schnauft Paul.

Frau Wentzel hat gar nicht bemerkt, dass er zu spät gekommen ist.
„So, dann nehmt mal eure Rechenhefte und versucht die Aufgaben an der Tafel zu lösen“, sagt Frau Wentzel.
„Ihr habt zehn Minuten Zeit.“
Paul kramt in seinem Ranzen.
Das gelbe Schreibheft, der Zeichenblock und sein grünes Heft für Religion sind da, aber keine Spur von seinem Rechenheft.
„Mist!“, murmelt Paul als sein Blick auf den Stundenplan fällt.

Weißt du, was Paul passiert ist?

Stundenplan
ENSTAG
MITTWOCH
DONNERSTAG
FREITAG
Deutsch
Deutsch
Deutsch
Rechnen
Kunst
Deutsch
Rechnen
Kunst
Rechnen
Musik
Rechnen
Musik
Rechnen
Rechnen
Sport
Kunst
Religion
Rechnen
Deutsch
Sport
Deutsch
Sport
Deutsch
Sachkunde
Rechnen
ch
unde
chnen
ABC
215

„Ich hab den Ranzen für Donnerstag anstatt für Mittwoch gepackt“, stöhnt Paul.
Timo kichert.
Aber Paul findet das gar nicht komisch, denn er hat natürlich auch kein Turnzeug dabei.
Das bedeutet, er kann nicht mitturnen.
„Ich hatte mich so auf das Fußballspiel gefreut“, jammert Paul.
„Kann dir deine Mutter die Sachen nicht noch bringen?“, schlägt Timo vor.
„Ne“, sagt Paul. „Die arbeitet doch.“
Auf dem Weg zur Turnhalle ist Paul plötzlich verschwunden.
„Paul! Paul!“, ruft Timo seinen Freund.
Aber Paul ist nirgends zu finden.
Timo bleibt nichts anderes übrig, als ohne ihn in die Turnhalle zu gehen.
Doch plötzlich steht Paul in Turnhosen und Turnschuhen in der Tür.

Die Sachen sind ihm zwar alle
zwei Nummern zu groß,
aber Hauptsache er kann mitspielen.
„Wo hast du denn auf einmal
die Sachen her?“, fragt Timo.

Kannst du ihm die Frage beantworten?

Paul hat sich die Sachen
von seinem großen Bruder geliehen.

Chaos im Klassenzimmer

„Schlawinchen, meine Mütze ist weg!“, ruft Joline aufgeregt.
„Auweia, dann bleibst du ja sichtbar!“, sagt Schlawinchen erschrocken.
„Ich muss sie irgendwo im Klassenzimmer verloren haben“, schluchzt Joline.
Die beiden Kobolde suchen überall, hinterm Vorhang, unter den Tischen, in den Schränken.

Nirgends ist Jolines Mütze zu sehen.
„Wir müssen uns beeilen.
Gleich geht der Unterricht los.
Dann werden sie mich entdecken“,
drängt Joline.

Da kommen die ersten Schüler ins Zimmer.
„Mist!“, ruft Schlawinchen erschrocken.
Zum Glück kann sich Joline noch schnell
hinter dem Papierkorb verstecken.
„Hoffentlich sieht mich keiner“,
jammert sie.

„Ich lass mir was einfallen“,
verspricht Schlawinchen.
Da hat Schlawinchen auch schon
eine Idee.
Sie schnappt sich ein Stück Kreide und
malt laut quietschend einen Strich
an die Tafel.
Die Schüler bleiben sofort stehen
und starren wie gebannt zur Tafel.
Niemand sieht Joline in ihrem Versteck.
Schlawinchen ist klasse,
denkt Joline und freut sich.
Verwirrt setzen sich die Schüler
auf ihre Plätze.
Der Unterricht beginnt wie immer,
aber Schlawinchen denkt sich
noch mehr Unsinn aus.

Siehst du, was Schlawinchen
alles angestellt hat?

Die Europakarte hängt falsch herum.
Der Tafelschwamm liegt im Schirmständer.
Plötzlich kippt ein Schulranzen um,
und Hefte fallen vom Tisch der Lehrerin.
Eines der Kissen liegt auf dem Pult.
Der Wasserhahn
fängt an zu laufen.
Die Klasse weiß gar nicht,
wie ihr geschieht.
Schlawinchen kichert.
Am liebsten würde sie sich
noch mehr Streiche ausdenken,
aber nun muss sie Jolines Mütze finden.
Da steht plötzlich ein Junge auf
und geht zum Papierkorb.
O nein, denkt Schlawinchen,
gleich entdeckt er Joline.
Joline zieht den Kopf ein.
Doch zu spät.
Der Junge hat sie schon entdeckt.
„D-d-d-da ist ein Wichtel!“, ruft er.

Ohne zu überlegen wirft Schlawinchen
das Tafellineal vor seine Füße.
Der Junge stolpert,
und der Eimer fällt um.
Alle gucken auf den Jungen.
Er rappelt sich auf,
nimmt den Eimer hoch,
doch Joline ist verschwunden.

Weißt du, was passiert ist?

Jolines Mütze steckte im Papierkorb.

Unheimliche Spuren

„ Wer zuerst auf dem Pausenhof ist!“,
ruft Clara ihrer Freundin Emma zu.
Die beiden Mädchen treten in die Pedale.
Doch kurz vorm Tor bremst Emma.
Clara saust an ihr vorbei.
„Gewonnen!“, ruft sie und lacht.
„Wo bleibst du, Emma?“, fragt Clara
und dreht sich nach ihr um.
Emma ist vor der großen Eiche
stehen geblieben und versucht
den angepinnten Zettel zu entziffern.

Kannst du erkennen, was darauf steht?

Kat e
entl ufen!
Peterle i t
schwar und
hat ein we ßes
Näs hen.

„Es wird eine schwarze Katze gesucht“, erklärt Emma. „Peterle!“
Sie schiebt ihr Fahrrad zu Clara.
Hoppla, beinah wäre sie dabei auf eine tote Maus getreten.

„Iiiih“, ruft Emma und springt zur Seite.
Clara und Emma schließen ihre Räder an und schlendern zur Turnhalle.
In der ersten Stunde haben sie Sport bei Frau Meisner.
Doch an der Tür bleiben sie stehen.
Irgendetwas ist hier merkwürdig.

„Warum steht denn die Tür offen?“,
fragt Emma verwundert.
Der Hausmeister, Herr Müller,
achtet doch immer so sehr darauf,
dass die Tür stets geschlossen wird.
Da bemerken sie den furchtbaren Gestank
im Gebäude.
Irgendjemand muss
eine Stinkbombe geworfen haben.
„Das war wohl selbst Herrn Müller
zuviel“, sagt Clara und grinst.

Als sie in die Turnhalle kommen,
erleben sie noch eine Überraschung.
Frau Meisner steht fassungslos
vor einem völlig verkratzten Boden.
„Wie kann so etwas nur passieren?“,
fragt Frau Meisner kopfschüttelnd.
„Vielleicht waren Einbrecher hier“,
überlegt Clara.

„Wurde was gestohlen?“,
fragt Emma aufgeregt.
Frau Meisner und die Mädchen
sehen sich um.
Aber außer
ein paar weiteren Kratzspuren
können sie nichts entdecken.
Da hören sie ein Geräusch.

„Das kam aus dem Geräteraum“,
ruft Clara aufgeregt.
„Na klar“, sagt Emma plötzlich
und schlägt sich mit der Hand
gegen die Stirn.
„Das ist Peterle!“

Die anderen gucken sie verwirrt an.
Aber als Frau Meisner
den Geräteraum öffnet,
springt ihnen tatsächlich
die kleine schwarze Katze entgegen.

Woher wusste Emma, dass Peterle
im Geräteraum steckt?

Emma hat auf dem Schulweg
den Zettel an dem Baum gesehen.
Dann hat sie die tote Maus entdeckt.
Da die Tür zur Turnhalle offen war,
konnte die Katze ins Gebäude.
Die Kratzer auf dem Hallenboden
waren natürlich auch Spuren der Katze.

Was geschieht im Dunkeln?

„Guck mal, Leo, was die Statuen für komische Bälle auf dem Kopf haben“, kichert Sara.
Auch Leo muss lachen.
„Sieht aus, als hätten sie zwei Köpfe“, meint Leo.
„Oder ein Geweih“, witzelt Sara.
Die beiden hören gar nicht mehr auf zu lachen.
Da packt sie plötzlich jemand von hinten.

Es ist der Aufseher des Museums.
„Das ist kein Spielplatz hier“,
brummt er unfreundlich.
Sara und Leo versuchen, sich das Lachen
zu verkneifen und gehen ein Stück weiter.
„Doofer Kerl“, murmelt Leo.
Der Aufseher hat es aber nicht gehört.
Er scheint irgendwas am Sicherungskasten
zu überprüfen.
Gleich neben den Statuen sind Schätze
aus Thutmosis’ Grabkammer ausgestellt.

„Kommt mal alle her!“,
ruft Herr Liebl, ihr Klassenlehrer.
Er versammelt die Klasse um ein Amulett.
„He“, staunt Leo.
„Da ist ja ein riesiger Edelstein drauf.“
„Dieses Amulett stammt aus dem Jahr
1460 vor Christus und gehörte
dem ägyptischen König Thutmosis III.“,
erklärt Herr Liebl.
„Nein“, widerspricht Sara.

Weißt du, warum Sara widerspricht?

Das Amulett
gehörte König
Thutmosis III.
Es stammt aus
dem Jahr 1450
vor Christus.

„Das Amulett stammt doch
aus dem Jahr 1450 vor Christus“,
sagt Sara.
Herr Liebl guckt verwundert auf die Tafel.
„Tatsächlich, du hast ja Recht“,
sagt er verblüfft.
Dann führt Herr Liebl die Klasse
zu den alten ägyptischen Masken nebenan.
Plötzlich geht überall das Licht aus.
„Ein Stromausfall!“, ruft Leo.
Da klirrt es und dann
geht das Licht wieder an.
„Diebstahl!“, brüllt der Aufseher.
„Das Amulett ist weg.“

Alle müssen das Museum nun verlassen.
Als Sara wieder an den komischen Figuren vorbei kommt, stupst sie Leo an.
„Schau, eine Statue steht verkehrt rum."
Der Aufseher scheucht sie weiter.
„Mit der Kette an der Mütze sieht er selber aus wie ein Ägypter", kichert Leo.
Da bleibt Sara plötzlich stehen und ruft:
„Der Aufseher hat das Amulett geklaut!"
„Aber Sara, wie kommst du darauf?", fragt Herr Liebl verdutzt.

Kannst du ihm die Frage beantworten?

Der Aufseher hat den Stromausfall am Sicherungskasten ausgelöst.
Mit der Statue hat er die Vitrine eingeschlagen.
Dann hat er das Amulett unter seiner Mütze versteckt.

Der Verschwindetrank

„Mh, Mama hat mir heute Johannisbeersaft mitgegeben“, sagt die kleine Hexe Cecilia. Doch gerade als sie Lola einen Schluck anbieten will, kommt schon Filippa Magia, ihre Lehrerin, ins Zimmer.
Schnell lässt Cecilia die Flasche unter der Bank verschwinden.
„Heute zeige ich euch den Verschwindetrank“, sagt Filippa Magia.

Sie stellt den Kessel
in die Mitte des Raums.
„Juhu, ich wollte mich schon immer mal
unsichtbar machen“, freut sich Cecilia.
Alle sind begeistert, außer Lola.
Lola findet Zaubertränke eklig.
Eifrig mischt Filippa Magia die Zutaten.
„Eine Prise Spinnenbeine, Schwarzwurzeln,
eine Hand voll Fliegenpilze, Käferflügel
und zum Schluss zwei Schlangenaugen.“
Lola dreht sich der Magen um.

„Lola, liest du den Zauberspruch, bitte“,
sagt Filippa Magia und lächelt.
Mühsam versucht Lola zu entziffern,
was auf dem Kessel steht.
„Hundeleine, Popel, Ziegen,
Zaubertrank beginn zu fliegen!
Zweimal rühre ich dich um,
dann wirfst du uns alle um“,
liest Lola.
Doch da der Kessel so schmutzig ist,
hat sie ein paar Fehler gemacht
und es gibt nur einen riesigen Knall.

Kannst du entziffern,
was eigentlich darauf steht?

[redacted]eine, Popel, [redacted]iegen
Zaubertrank beginn zu[redacted]ieden
[redacted]mal rühren [redacted] dich um,
dann w[redacted] du uns alle um.

Filippa Magia wischt entsetzt
die Flecken weg.
„So, nun noch einmal von vorn."
Lola beginnt erneut zu lesen:
„Spinnenbeine, Popel, Fliegen
Zaubertrank beginn zu sieden.
Dreimal rühren wir dich um,
dann wandelst du uns alle um."
Diesmal klappt es.
Der Trank verfärbt sich grün
und beginnt zu blubbern.
„Na, dann koste doch gleich mal, Lola",
sagt Filippa Magia vergnügt
und hält ihr die Kelle unter die Nase.
Lola wird kreidebleich.
In diesem Moment springt Cecilia vor.
Sie nimmt einen kräftigen Schluck
und ist nicht mehr zu sehen.
Nach einer Minute taucht sie wieder auf.
Cecilia steht über den Kessel gebeugt und
hat beide Hände hinterm Rücken versteckt.

„Cecilia!“, mahnt Filippa Magia.
„So etwas machst du nicht noch einmal.“
Dann hält sie Lola erneut die Kelle hin.
Angewidert nimmt Lola einen Schluck.
Doch zu ihrer Überraschung
schmeckt der Trank nach Johannisbeersaft.

Kannst du dir erklären warum?

Cecilia hat unsichtbar ihren Saft
in den Zaubertrank gemischt.
Die leere Flasche hält sie
hinter ihrem Rücken versteckt.

Rätselhafter Schatten

„Bitte in Zweierreihen aufstellen!“,
ruft Frau Antoni.
„Wir gehen zum Filmraum.“
„Juhu!“, jubelt die Klasse.
„Wir dürfen einen Film sehen.“
Clara sitzt gleich neben der Tür und
steht als Erste in der Reihe.
Jule stellt sich sofort neben sie.
„Mit deinen Zöpfen siehst du aus
wie Pippi Langstrumpf!“,
lacht Clara.

Jule fängt gleich an zu hopsen
und zu singen:
„Zwei mal drei macht vier widewidewitt
und drei macht neune ...“
Da muss Clara noch mehr lachen.
„Und du siehst mit deiner Mütze aus
wie Käpt’n Blaubär“, sagt Jule.
In dem Moment bewegt sich die Mütze
auf Claras Kopf.
„Was ist los?“, fragt Jule erschrocken.
„Pssst“, macht Clara. „Ich hab Toto
unter der Mütze, meine Maus.“

„Los gehts!“, sagt Frau Antoni.
Sie öffnet die Tür und
winkt die Klasse nach draußen.
Im Filmraum setzen sich
Clara und Jule nebeneinander.
Frau Antoni macht das Licht aus
und der Film geht los.
„Was ist das denn für ein Film?“,
flüstert Clara.

Kannst du die Titelschrift lesen?

PIPPI
außer Rand und Band

„He, das ist Pippi Langstrumpf“,
freut sich Jule.
Aber Frau Antoni muss nun natürlich
erst noch einmal das Licht anknipsen
und den Film richtig aufspulen.
Im Raum wird es unruhig.
Sven und Tom fangen sogar an zu raufen.
Tom hampelt so doll,
dass er Clara dabei trifft
und ihr die Mütze vom Kopf fällt.
„O nein, Toto. Toto, wo bist du?“,
flüstert Clara.
Aber die Maus ist verschwunden.

In dem Moment macht Frau Antoni
das Licht wieder aus.
Clara kann sich überhaupt nicht
auf den Film konzentrieren.
Sie hat nur Toto im Kopf.
„Ich helfe dir nachher suchen“,
flüstert Jule ihrer Freundin zu.
Gerade reitet Pippi auf ihrem Pferd.
Doch plötzlich steht der Schatten
einer zweiten Pippi neben ihr.
„Aaaaah“, ruft Pippis Schatten.
„Was ist denn los?“, fragt Frau Antoni.

Kannst du Frau Antoni erklären,
was passiert ist?

Der Schatten der zweiten Pippi
ist natürlich Jule.
Toto ist ihr während des Films
ins Hosenbein gekrabbelt und
hat sie erschreckt.

Simons Geheimnis

Lisa guckt nervös die Straße entlang.
Warum ist Simon denn noch nicht da?,
wundert sie sich.
Zum Glück kommt der Bus heute zu spät,
sonst hätte er ihn schon verpasst.
Es ist kalt, und Lisa friert.
Sie steckt ihre Hände tief
in die Jackentaschen.
„He, da ist ja noch ein Sahnebonbon
von Simons Oma in der Tasche“,
freut sie sich und packt es gleich aus.
Lisa und Simon haben die Oma schon oft
zusammen im Krankenhaus besucht.

Da biegt Simon endlich um die Ecke.
Er hat zwei große Tüten dabei.
Simon hat es ganz schön eilig.
Als er Lisa sieht, winkt er kurz.
Aber dann rennt er an ihr vorbei.
Komisch, denkt Lisa.
In diesem Augenblick kommt der Bus.
Als es zur ersten Stunde klingelt,
ist Simon noch nicht da.
Was ist nur los?, fragt sich Lisa.
Doch als Herr Schmunzler die Diktathefte
austeilt, klopft es an der Tür.
Atemlos stürmt Simon ins Zimmer.

„Entschuldigung“, schnauft er.
„Ich habe den Bus verpasst.“
„Schon gut“, sagt Herr Schmunzler.
„Setz dich, wir schreiben ein Diktat.“
Lisa versteht gar nichts mehr.
Beim Diktat passt Lisa
überhaupt nicht gut auf.
Sie guckt immer zu Simon rüber.
Simon ist total verschwitzt.
Und er hat die großen Tüten nicht mehr.
„Lisa!“, ermahnt Herr Schmunzler.
„Guck auf dein eigenes Heft!“
O weh, Herr Schmunzler dachte,
Lisa will abschreiben.
Eigentlich keine schlechte Idee,
überlegt Lisa.
Vom letzten Satz hat sie
nur den Anfang mitbekommen.

Kannst du die Schrift
von Lisas Banknachbarin entziffern?

Sascha schlürft
die süße
Sahnesoße.

„Ah, Sascha schlürft die süße Sahnesoße“, murmelt Lisa und schreibt den Satz in ihr Heft.
„Nun muss ich aber aufpassen“, ermahnt sie sich selbst.
Den Rest des Diktats bekommt Lisa gut mit.
Dann sammelt Herr Schmunzler die Hefte wieder ein.
Als er Simons Heft nimmt, segelt ein goldenes Bonbonpapier zu Boden.

Simon hat heimlich
ein Sahnebonbon genascht.
Herr Schmunzler sieht Simon tadelnd an.
Plötzlich weiß Lisa,
wo Simon gesteckt hat.

Du auch?

Simon war vor der Schule
bei seiner Oma im Krankenhaus.
Zum Abschied hat sie ihm natürlich
noch ein Sahnebonbon geschenkt.

Hubbel in Panik

Lux liest die Aufgaben auf seinem Blatt.
„Guck mal, Tanko, Nummer 5:
Wie wurde 2003 Wäsche gewaschen?“
Lux kann gar nicht glauben,
dass man die Wäsche waschen musste.
Sein Pulli reinigt sich von selbst,
sobald ein Fleck draufkommt.
Langsam fliegt die Zeitmaschine los:
3021, 3020, 3019, 3018 ...
Da geschieht etwas Merkwürdiges:
Seifenblasen fliegen durch die Maschine.
„Auweia“, flüstert Tanko.
„Ich glaube, mein Hubbel ist mit an Bord.
„Was, dein kleines grünes Männchen?“,
fragt Lux.
„Ja. Wenn er aufgeregt ist,
spuckt er immer Seifenblasen.“

Entdeckst du Hubbel in der Zeitmaschine?

2600

Hubbel kauert bibbernd unter Tankos Sitz.
Da bemerkt Herr Futuro die Seifenblasen.
„Hat etwa jemand
sein kleines grünes Männchen dabei?“,
fragt er entsetzt.
„Ähm … ja … ich“, stottert Tanko.
„Hubbel scheint mir heute morgen
unbemerkt zur Schule gefolgt zu sein.“
„Versprich mir, dass du im Jahr 2003
gut auf ihn aufpasst.
Er darf uns nicht in Gefahr bringen.“

Tanko nickt.
Bevor sie aussteigen,
steckt Tanko Hubbel
in seinen Rucksack.
Tanko und Lux staunen,
als sie die altertümliche Stadt erkunden.
Schnell lösen sie die Fragen eins bis vier
auf ihrem Arbeitsblatt.
„Wie sollen wir nur herausfinden,
wie das mit der Wäsche war?",
überlegt Lux.

Da entdeckt Tanko plötzlich
Waschmaschinen im Schaufenster.
„Diese Geräte müssen wir uns mal ansehen!“,
ruft er aufgeregt.
Neugierig betreten die zwei Jungs
das Geschäft.
Tanko holt einen Stift aus dem Rucksack.
Wäsche wurde mit einer Waschmaschine
gewaschen, notiert er.
Da kracht es hinter ihm.
Ein Radio ist aus dem Regal gefallen
und kaputt gegangen.

„Könnt ihr nicht aufpassen!“,
schimpft die Verkäuferin.
Da fängt plötzlich die Waschtrommel an,
sich zu drehen
und Seifenblasen zu spucken.
Die Verkäuferin ist starr vor Schreck
und lässt die Jungs laufen.
„Da hat uns Hubbel ja nochmal
aus der Patsche geholfen“,
meint Tanko und lacht.
Verwundert sieht ihn Lux an.

Kannst du ihm erklären, was
passiert ist?

Als Tanko den Stift aus dem Rucksack
geholt hat, ist Hubbel mit hinaus geklettert.
Er hat sich die Waschmaschinen angeschaut.
Doch als die Verkäuferin so laut schimpfte,
bekam er Angst
und hat Seifenblasen gespuckt.

Lesespaß-Leserätsel

1. Was piept in Svens Schultüte?
2. Von wem bekommt Paul eine Turnhose?
3. Wodurch wird Joline unsichtbar?
4. Was für ein Tier ist Peterle?
5. Was wurde im Museum gestohlen?
6. Wie heißt die Lehrerin von Cecilia und Lola?
7. Welchen Film sehen Jule und Clara?
8. Was verschenkt Simons Oma?
9. Was spuckt Hubbel, wenn er aufgeregt ist?

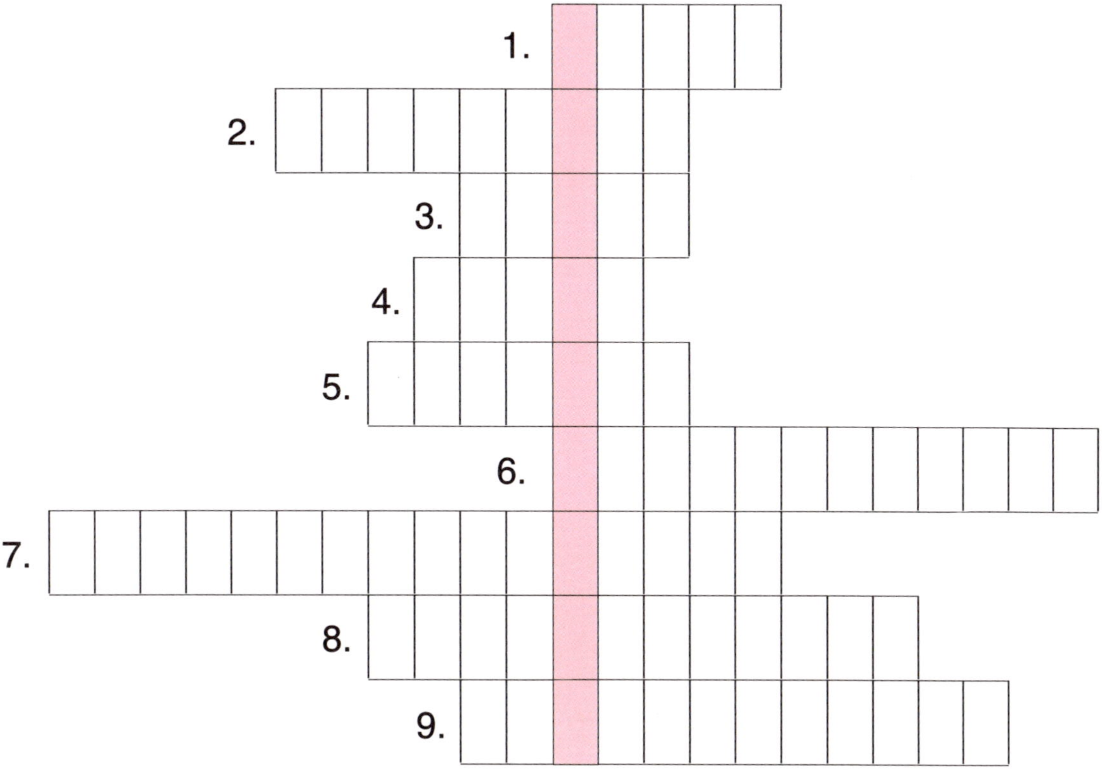

Lösungswort: Hitzefrei

1×1 ABC

Die Autorin

Christiane Wittenburg hat während ihres Studiums zunächst für die Zeitung geschrieben. Doch nach ihrem Abschluss in Grundschullehramt und Germanistik hat ihr Weg sie nach München zu einem Kinderbuchverlag geführt. Seitdem denkt sie sich mit großer Begeisterung Geschichten für Kinder aus. Heute arbeitet sie als freiberufliche Autorin und lebt mit ihrer Familie in Erding.

Die Illustratorin

Angela Fischer-Bick, geb. 1966, studierte an der Hochschule für Gestaltung in Offenbach am Main. Zunächst arbeitete sie als Grafikerin und Umschlagillustratorin und ist seit einigen Jahren mit Kinderillustrationen beschäftigt, die ihr am allermeisten Spaß machen. Angela Fischer-Bick lebt gemeinsam mit ihrem Mann, ihren zwei Töchtern und zwei Kaninchen in Bremen.

Lesespaß Ratekrimis

ISBN 978-3-8112-3156-6

Hurra! Jasmin ist überglücklich: Sie hat bei einem Gewinnspiel einen Tag auf dem Ponyhof gewonnen. Und als sie dort ankommt, wartet noch eine Überraschung auf sie … Ben hingegen ist traurig. Sein Pony Mäxchen ist verschwunden. Dabei hatte er die Stalltür doch fest zugemacht. Ob Ben und sein Freund Till Mäxchen wiederfinden?

ISBN 978-3-8112-3157-3

Auweia! Die Seeräuber Sven und Olli haben die Schatzkarte von Kapitän Kanossa geklaut, um sich den Schatz unter den Nagel zu reißen. Doch der Kapitän ist wirklich gerissen und kommt ihnen schnell auf die Schliche … Ganz andere Sorgen haben Finja, Tim und Jule: Ihr Schatzsucher-U-Boot geht ständig kaputt. Ob sie den großen Schatz doch noch finden?

gondolino